RAPPORT

DU

CAPITAINE SANSAS

COMMANDANT LA 1re Cie

DES

FRANCS-TIREURS

DE TOURS

—————

TOURS

CHEZ GRASSIEN, LIBRAIRE

1, RUE DE LA HARPE. 1

—

1872

A Messieurs les Officiers, sous-Officiers, caporaux et Francs-tireurs des diverses compagnies d'Indre-et-Loire, de Vierzon, de l'Allier et de la Dordogne.

CAMARADES,

Le rapport qui suit, adressé à Monsieur le Ministre, a été écrit aussi pour vous tous.

L'impartialité qui a présidé à sa rédaction, me permet d'affirmer la véracité de son ensemble. Si quelques erreurs de date ou de détail ont pu s'y glisser, veuillez me les signaler, et je m'empresserai de les rectifier.

Un mot avant de finir.

Ensemble, lorsque nous avons pris un fusil, nous nous sommes formés sous un même drapeau : la défense, par tous les moyens, du sol sacré de la Patrie.

La 1re Compagnie des Francs-tireurs de Tours y joignit celle du principe républicain.

Est-ce une faute?

Je ne le crois pas.

L. SANSAS

RAPPORT A M. LE MINISTRE DE LA GUERRE

La première compagnie des Francs-tireurs de Tours fut organisée au mois de septembre 1870, sous les auspices de M. le Préfet Durel et de la municipalité.

A cette époque, aucun décret, aucune loi n'ayant encore paru, astreignant les compagnies franches au service militaire régulier, les volontaires qui composèrent cette première compagnie n'avaient pour but que la défense du sol sacré de la patrie et le maintien des institutions républicaines. Le règlement auquel s'astreignit la compagnie était rédigé d'après ces principes et, pendant toute la campagne, chaque volontaire y conforma religieusement sa conduite.

*A la **Municipalité** de la ville de Tours.*

RÈGLEMENT ADOPTÉ PAR LES VOLONTAIRES.

Art. 1er.

Un corps franc des volontaires de la Loire est constitué, son but est de concourir à la défense du sol français. en faisant une guerre de tirailleurs aux ennemis, empêcher ses déprédations, arrêter et détruire ses convois.

A cet effet il se mettra à la disposition de l'autorité républicaine, sous les ordres de M. le Ministre de la Guerre et sera soumis aux lois de la discipline militaire.

Art. 2.

Le contingent de ce corps est limité à cent-vingt hommes. Sera admis à en faire partie, tout volontaire jouissant d'une moralité irréprochable et d'une bonne constitution.

Art. 3.

Dès que les volontaires se jugeront en nombre suffisant pour prendre une décision, ils procéderont à l'élection de leurs chefs. Ces chefs seront : Un capitaine, un lieutenant, un sous-lieutenant, un sergent-major, un fourrier, un sergent par section de vingt volontaires et un nombre double de caporaux. Si, ultérieurement et par suite de circonstances imprévues, un changement de chefs était nécessaire, les volontaires se réservent le droit de l'opérer à la majorité des suffrages.

Art. 4.

Tout volontaire, à son entrée dans le corps-franc, s'engage sur l'*honneur*, à obéir sans restriction aux ordres de l'autorité républicaine et par suite à ses chefs élus. La discipline s'exercera de grade à grade et le rapport, qui sera fait toutes les fois que la compagnie sera réunie, sera transcrit de manière que l'autorité en puisse toujours connaître.

Art. 5.

Tout volontaire dont la conduite ne serait pas strictement conforme aux lois de l'honneur et de la discipline, sera impitoyablement et publiquement désarmé et renvoyé du corps. Son nom sera en outre publié dans les journaux de la localité.

Les simples fautes de discipline seront punies d'un ordre du jour, qui sera lu devant la compagnie réunie.

Art. 6.

Toute décision grave, soit pour expulsion, soit pour tout mouvement dépendant de l'initiative du corps, sera prise à la majorité des membres présents.

Cet article s'applique aux sections détachées où à la compagnie réunie.

Fait à Tours, le 10 septembre 1870.

L'organisateur : L. SANSAS.

Le même jour, copie de ce règlement fût adressée à la Préfecture et à la Municipalité, qui voulurent bien l'approuver.

Habillée, équipée, armée aux frais de la ville de Tours, la première compagnie était prête à entrer en campagne le 10 octobre. Ce jour-là elle eut l'honneur de recevoir, en servant d'escorte à la municipalité, le général Garibaldi qui venait apporter à la France son intelligence et son épée. La compagnie fut passée en revue, le même jour par les membres du Gouvernement de la défense nationale, le général Garibaldi, le préfet d'Indre-et-Loire, le maire et les adjoints

de Tours; par ordre du général commandant la
18ᵉ division militaire elle devait se mettre à la disposition du général Michaux, commandant l'État de
guerre dans la place de Blois.

Le 12, à 4 heures du soir, la compagnie quittait
Tours escortée par une partie de la population qui
lui témoignait ainsi ses sympathies; arrivée le soir
même à Blois, elle fut logée dans la halle aux blés.

Le 13 octobre, je demandai à M. le général Michaux l'autorisation de séjourner vingt-quatre heures à Blois pour faire faire l'essai de leurs armes aux
volontaires et me rendre compte de la valeur de leur
tir. Cette autorisation me fut accordée, et, le 13,
la compagnie se rendit au champ de tir. L'effectif
était de 115 hommes, le plus grand nombre d'entre-
eux n'avait jamais touché une arme, cependant le
résultat fut excellent: trois cartouches avaient été
distribuées à chaque soldat, le tir eut lieu à une
distance de 400 mètres, il y eut 286 balles dans la
cible.

Je transcrivis immédiatement ce résultat au général, qui m'écrivit pour en témoigner sa satisfaction.

Le 14, et conformément aux ordres de la place,
je quittai Blois à 7 heures du matin pour me porter
sur Nouan où je devais séjourner. A l'arrivée dans
cette commune, je fus prévenu par M. Paul Caillard,
capitaine de la garde nationale de Sᵗ-Laurent-des-

Eaux, qu'un détachement de uhlans bavarois venait d'être aperçu dans les environs. Immédiatement, et malgré la fatigue d'une première marche de huit lieues, je me transportai avec la compagnie en avant de S¹-Laurent et je pris les dispositions nécessaires pour éviter une surprise. Divisant la compagnie en trois sections, je fis fouiller les bords de la Loire par la 1ʳᵉ sous les ordres de M. Haime, lieutenant; la 2ᵉ commandée par M. Laporterie, sous-lieutenant, explora la droite de la route jusqu'à Crouy-la-forêt, avoisinant le château de Geloux; de mon côté, occupant la route, au centre, je me portai en avant, conservant toujours des communications avec les sections de droite et de gauche.

Après m'être assuré que l'ennemi n'occupait aucun des endroits désignés, j'établis pour la nuit un poste avancé, à 2 kilomètres environ de S¹-Laurent et laissai la compognie se reposer dans ce village.

Le lendemain, 15, partant à 4 heures du matin, nous nous dirigeâmes sur Mocquebaril, au lieu dit les *quatre routes*. Cet endroit que M. Cathelineau appelle à tort un coupe gorge, est peut-être l'endroit le plus propice de la contrée à l'établissement d'une embuscade. Deux routes s'y croisent, l'une allant d'Orléans à Blois et l'autre de Beaugency à la Ferté-S¹-Aignan. Des deux côtés, sur une étendue de 1,000 à 1,500 mètres en avant du carrefour, se trouvent des taillis avec des fossés où les hommes peuvent parfaitement s'abriter et n'être aperçus par l'ennemi que lorsqu'il arrive sur eux. La route qui conduit de Beaugency à la Ferté-S¹-Aignan, également boisée, est aussi facile à garder : de Beaugency, l'ennemi ne pouvant venir que par cette route ou de Cléry par la levée de la Loire.

Arrivés à Mocquebaril, je plaçai la compagnie en tirailleurs dans les bois, occupant le côté droit de la route sur Lailly et le côté gauche sur celle de Beaugency ; un poste d'observation occupait un moulin à vent, sur la droite, à 300 mètres de la route, entre Mocquebaril et Lailly. Ce moulin domine le pays sur une surface de 3 à 4 kilomètres et se trouve protégé par un repli du terrain. M. Caillard et moi restâmes toute la journée au carrefour, empêchant de passer piétons et voitures se dirigeant vers Orléaus ou Beaugency, pour que l'ennemi ignorât notre présence, interrogeant ceux qui venaient de ces deux directions.

Nous ne vîmes rien d'inquiétant pendant toute cette journée et fûmes avisés par les éclaireurs de Loir-et-Cher, commandant Guignard de Blois, et M. le marquis de Vibray de Cour Cheverny que, ce jour-là, les Prussiens n'avaient été vus nulle part. Je fis lever les embuscades et renvoyai les hommes à S¹-Laurent pour manger et se reposer. Pour plus

de sûreté je demeurai à Mocquebaril avec 25 francs-
tireurs.

Le 16, vers 6 heures du matin, par un brouillard
intense, le caporal Pierron qui veillait sur la route
avec quelques hommes, aperçut à 25 mètres du
poste que nous occupions un détachement de 30 à 40
cavaliers venant du côté d'Orléans. Craignant une
méprise, il leur cria qui-vive? Les cavaliers surpris,
tournèrent bride au galop; le caporal et ses hommes
ouvrirent le feu, mais l'ennemi ne riposta pas de
suite et malgré le brouillard, nous nous portâmes tous
en avant et, à 60 mètres, nous aperçûmes de larges
traînées de sang qui continuaient jusqu'au delà de
Lailly.

Au bruit des coups de feu, la compagnie qui était
à St-Laurent arriva au pas de course; de son côté,
M. Paul Caillard accompagné de quelques gardes nationaux de St-Claude, St-Dié, Montlivaux, Nouan,
St-Laurent et autres villages, nous rejoignit pour
prendre part à la lutte et nous secourir au besoin.

Malgré nos recherches, guidés par le sang qui
sillonnait la route, nous n'avions trouvé ni cavaliers
ni chevaux tombés; vers 8 heures seulement, des
paysans vinrent nous avertir que plusieurs cavaliers
avaient été vus fuyant à travers les vignes, les uns
démontés, les autres blessés. J'envoyai en avant les
francs-tireurs Mabille et Guiet qui s'étaient offerts

pour aller aux renseignements. Arrivés à Lailly, ils apprirent que les cavaliers s'étaient enfuis de toute la vitesse de leurs chevaux dans la direction d'Orléans, mais que l'un d'eux, dont le cheval était tombé mort à la Croix-Blanche, s'était réfugié, après avoir frappé d'un coup de sabre un maréchal-ferrant de l'endroit, au château du duc de Lorge, situé à quelques centaines de mètres du village. Les deux francs-tireurs s'y portèrent immédiatement. Les domestiques, qui avaient sans doute une peur plus grande des francs-tireurs que des Prussiens, — (mes deux hommes avaient cependant des habits de paysans) — répondirent d'une manière évasive. Ils insistèrent; M. le duc apparut enfin et leur avoua qu'un cavalier bavarois, à moitié assommé à coups d'échalas par les paysans, s'était réfugié chez lui; qu'il était prêt à le leur remettre, et leur recommanda les plus grands égards pour un ennemi vaincu.

Redoutant quelque accident pour mes deux hommes, j'avais envoyé à leur suite un sergent et 8 francs-tireurs. Ces derniers arrivèrent au château peu de temps après les deux premiers et amenèrent le prisonnier au carrefour — après lui avoir laissé achever son déjeuner. On ramassa sur la route un certain nombre d'armes, abandonnées pendant la poursuite par les cavaliers blessés.

Le prisonnier parlant parfaitement français, je

l'interrogeai. Il me dit s'appeler le comte d'Aco ou d'Arcott, officier aux chevau-légers bavarois. Il rendit ses armes, et je fis inventorier les divers objets, sommes et bijoux qu'il avait sur lui. Puis, je lui rendis le tout et l'envoyai, sous l'escorte du fourrier au général commandant la subdivision, à Blois.

A 4 heures du soir, une nouvelle reconnaissance ennemie fut signalée, mais un garde national ayant précipitamment tiré un coup de fusil, les cavaliers prirent la fuite.

Ne voyant plus rien, je me retirai avec une partie de la compagnie et les francs-tireurs de la Dordogne qui étaient à notre droite sur St-Laurent, laissant un poste au carrefour.

Vers 5 heures, la présence de l'ennemi nous fut encore signalée. Je me portai de suite à sa rencontre, accompagné de M. Caillard. Nous aperçûmes, à une distance d'environ 600 mètres de nos avant-postes, une colonne que nous évaluâmes forte de 200 cavaliers, 600 hommes d'infanterie, avec du canon.

L'ennemi plaça ses pièces en batterie sur la route, à la hauteur du moulin-à-vent et commença à lancer des obus sur les bois que nous occupions. En même temps sa cavalerie, se développant, manœuvra pour cerner ces bois. Les francs-tireurs ne bronchèrent pas, malgré les obus et accueillirent les cavaliers par une fusillade si bien nourrie qu'ils rétrogradèrent rapidement.

Pendant que ces faits se passaient sur la route d'Orléans au carrefour de Mocquebaril, des cavaliers ennemis, passant par un chemin détourné, étaient venus rejoindre la route de la Ferté-St-Aignan à la hauteur du château de Geloux : les gardes nationaux qui tenaient de ce côté les reçurent de telle façon qu'ils ne tentèrent pas une nouvelle attaque.

L'ennemi laissa sur le terrain 7 hommes tués, et au dire des habitants de Lailly, emmena 17 blessés à Orléans.

La nuit étant tout à fait noire, la pluie tombant à torrents et craignant un mouvement de troupes plus nombreuses, je quittai mes positions, sur l'avis de M. Caillard, et nous nous retirâmes sur St-Dié.

Le lendemain, je reçus l'ordre d'occuper de nouveau le poste de Mocquebaril, avec les chasseurs à pied et quelques chasseurs à cheval. Nous partîmes à trois heures du matin et, à l'arrivée à St-Laurent, je me mis à la disposition de M. le chef d'escadron commandant la colonne. Il me donna l'ordre de faire fouiller les bois pour assurer le passage de la colonne : j'envoyai pour cela 14 francs-tireurs et 14 chasseurs à pied sous le commandement d'un caporal ; ils n'aperçurent qu'un cavalier ennemi, qui prit la fuite après avoir essuyé un coup de feu.

Le 18, ayant appris que les Prussiens marchaient sur Beaugency, j'y envoyai en éclaireurs 12 francs-tireurs et 8 chasseurs à pied sous les ordres d'un sergent. Ils y entrèrent à 11 heures du matin et n'en sortirent qu'à 4 heures du soir, mais l'ennemi, prévenu sans doute, ne se montra pas. Il s'était arrê-té à Bole, à 4 kilomètres en avant de Beaugency.

Le 19, nous eûmes plusieurs alertes; nous explo-râmes toute la contrée, jusqu'au delà de Lailly et du côté de Beaugency, mais ce fut toujours sans rencon-trer l'ennemi.

Le 20, M. le chef d'escadron me donna l'ordre de passer sur la rive droite de la Loire et de me tenir à Avaray pour surveiller la route de Beaugency, tout en donnant aux hommes un peu de repos. L'ennemi ne reparaissant plus dans la contrée, et après en avoir d'abord référé au général Michaux, à Blois, je me retirai à Ménars pour procéder à une nouvelle et meilleure organisation de, la compagnie. C'est là aussi que l'administration municipale de Tours, nous adressa la lettre ci-après!

Tours, le 22 octobre 1870.

Le Maire de Tours, Chevalier de la Légion-d'honneur, à Messieurs les Francs-Tireurs de la première compagnie de Tours.

MESSIEURS,

L'Administration municipale a appris avec une vive satisfaction la conduite pleine de bravoure des francs-tireurs de la première compagnie de Tours: Officiers, Soldats ont fait leur devoir.

Que nos volontaires n'oublient pas de conserver toujours cette discipline indispensable, l'honneur et la sauve-garde de tout militaire.

M. le capitaine nous a particulièrement signalé la conduite du caporal Pierron et nous sommes heureux, au nom de la ville toute entière, de lui en exprimer nos bien sincères félicitations.

Agréez, Messieurs, l'assurance de mes sentiments dévoués,

Le Maire,
EUGÈNE GOUIN.

Nous restâmes à Ménars cinq jours. Les francs-tireurs y apprirent le maniement de l'arme, l'escrime à la baïonnette et surtout l'école de tirailleurs. Après ces quelques jours de repos, je reçus l'ordre suivant m'ordonnant de passer de nouveau sur la rive gauche.

A M. le Capitaine des Francs-Tireurs de Tours,
à Ménars.

Blois, ce 22 octobre 1870.

CAPITAINE,

M. le Général de division, estimant que votre présence sur la rive gauche de la Loire, que vous connaissez parfaitement, est encore nécessaire, vous voudrez bien considérer mon ordre d'hier comme non avenu, et vous continuerez à opérer dans les lieux où vous vous trouvez.

M. le Général de division commandant le 16e Corps me charge de vous remercier du rapport que vous lui avez adressé et qu'il a lu avec intérêt; il vous félicite de la vigilance et de la vigueur que votre troupe et vous avez montrés dans vos différentes opérations, qui lui paraissent avoir été bien dirigées. Il témoigne également sa satisfaction à M. Paul CAILLARD pour les renseignements qu'il s'est empressé de fournir et le concours énergique qu'il a prêté aux Francs-Tireurs de Tours.

Veuillez bien lui faire parvenir ces remercîments et ces félicitations.

Le Général de Brigade commandant
l'état de guerre à Blois,

Signé: J. MICHAUX.

Partis de Ménars le 26, nous traversâmes la Loire après avoir passé la nuit à St Claude et, conformément aux ordres reçus, je fouillai toute la contrée entre D'huison, la Ferté-St-Aignan, Lailly. Après six journées de marches et contre-marches, le 15ᵉ corps étant constitué, je fus placé sous les ordres du général Rebillard, commandant la 2ᵉ brigade de la 2ᵉ division dont le quartier-général se trouvait à Muides. Il me donna l'ordre de me rendre à Ligny-le-Ribault et de veiller sur les routes de la Ferté-Sᵗ Aubin et Jouy-le-Pothiers. Nous arrivâmes à Ligny le 31 octobre; l'ennemi n'y était jamais venu, mais tous les jours il venait à la Ferté-Sᵗ Aubin.

Après avoir exploré le pays et pris connaissance des communications, je crus nécessaire de me porter à Chaumont, bourg situé à 12 kilomètres de Ligny, 10 de la Ferté, et 10 de Lamothe-Beuvron. De ce point, je pouvais facilement veiller sur Ligny, la route de Romorantin et communiquer avec les francs-tireurs de l'Allier qui occupaient Lamotte-Beuvron.

Le 2 novembre, des habitants de la Ferté-Sᵗ Aubin m'ayant averti que les Prussiens venaient enlever toutes les denrées portées au marché de cette commune, nous décidâmes, le commandant des francs-tireurs de l'Allier et moi d'agir de concert. Le même soir, à 11 heures, les deux compagnies se dirigèrent sur la Ferté, où elles entraient à 5 heures du matin, guidées par MM. Camille Berthier, maire de la commune, que les Prussiens avaient destitué et remplacé par M. Pierre; Mathey, docteur en médecine à la Ferté, et Thierry, capitaine en second de la garde nationale de Chaumont-sur-Tharonne. L'ennemi arrivant d'ordinaire, soit par la route qui vient de Cléry, soit par celle d'Orléans, soit par celle de Jargeau, nous prîmes, avec le concours de nos guides, des dispositions pour le cerner aussitôt après son entrée dans le bourg. Après 4 heures d'attente, quelques cavaliers ennemis, entrèrent dans le bourg. Prévenus sans doute de notre présence, ils s'enfuirent par la route qui passe près la gare se dirigeant sur Cléry. Les deux compagnies quittant les bois au pas gymnastique, cernèrent le bourg, mais tout fut inutile. Après quelques instants de repos nous reprîmes la route de Chaumont.

Je crus utile d'occuper ce village pendant quelques jours : la route de Romorantin à Orléans par la Ferté le traverse et j'avais appris que par cette route, la seule qui ne fût pas gardée, bien des gens dirigeaient sur Orléans des convois de fourrages, de farines et de bestiaux. Le 4 novembre je fis arrêter neuf voitures de farine que je fis diriger sur le quartier-général, à Muides.

Le 7, je recevais de M. le général Rebillard la lettre suivante :

2

15e Corps, 2e Division, 2e Brigade.

MON CHER CAPITAINE,

D'après les renseignements qui me parviennent, il est absolument nécessaire que la position de Ligny soit occupée. En conséquence, vous vous rendrez avec votre compagnie à Ligny, dont le maire est déjà prévenu de votre arrivée. Comme vous dépendez du 15e corps et de la 2e brigade de la 2e division de ce corps, toutes les prises, de quelque nature qu'elles soient, qui seront faites par la troupe placée sous vos ordres, devront être dirigées sur le quartier-général, à Muides.

Recevez, mon cher Capitaine, etc.

Le Général commandant la 2e Brigade,

REBILLARD.

N. B. Ci-joint la série des mots d'ordre.

Veuillez inviter les Maires à prescrire aux habitants de faire rentrer leurs troupeaux en arrière de nos lignes, derrière Thoury, de manière à ce qu'ils ne puissent être pris par l'ennemi.

Le 8, au matin, je quittai Chaumont, après avoir communiqué l'ordre ci-dessus au maire et au capitaine en 1er de la garde nationale qui n'en tinrent aucun compte. J'arrivai à Ligny, à 10 heures du matin. En arrivant, j'appris que, chaque jour, des cavaliers venant, les uns de Cléry, par les bois de Pully, les autres d'Ardou ou de la Ferté réquisitionnaient le village de Jouy-le-Pothier. J'établis des postes sur les routes de Beaugency, Orléans et St Aubin, aboutissant à Ligny et, matin et soir, je fis faire des reconnaissances jusqu'à 10 kilomètres en avant sur ces routes.

Le 9, la reconnaissance envoyée sur Jouy rencontra 12 cavaliers prusssiens à l'entrée du village ; aperçus trop tôt par l'ennemi, les hommes ne purent s'embusquer et tenter de faire prisonnier ce détachement, ils durent ouvrir le feu de suite : les Prussiens laissèrent sur le terrain deux chevaux et un homme tués ; ils eurent de plus trois blessés. A partir de ce jour, l'ennemi ne reparut plus dans la contrée.

Le 10, au bruit de la fusillade et du canon de Coulmiers, sachant que je me trouvais à une distance de 3 à 4 lieues de toute troupe française, je me tins prêt à tout événement ; et, le soir même, d'après les quelques renseignements que j'avais pu me procurer, je me portai en avant pensant rencontrer l'armée ; elle était toute entière sur la rive droite de la Loire ; pourtant les francs-tireurs de Tours eurent la joie d'être une des premières troupes françaises qui réoccupèrent Orléans, dont les habitants nous accueillirent avec de vives démonstrations de joie.

Avant de continuer, permettez-moi, Monsieur le

Ministre, de résumer en quelques mots les opérations de la compagnie depuis le départ de Tours, jusqu'à la réoccupation d'Orléans:

J'étais parvenu, grâce à la vigilance et à l'activité des volontaires, à empêcher l'ennemi de parcourir la Sologne, me tenant toujours en avant des troupes françaises, de 4 à 5 lieues. Je m'étais appliqué à bien connaître les lieux et surtout à être parfaitement renseigné. Chaque jour j'étais tenu au courant de tous les mouvements de l'ennemi, à Orléans et dans les environs et, souvent, j'ai pu renseigner avec précision le général sous les ordres duquel j'avais été placé. Dans l'accomplissement de cette mission, il n'est que juste de dire que j'ai été fréquemment secondé par les gardes nationaux et différents maires qui faisaient tout le possible pour nous aider. Je citerai particulièrement ceux de Ligny-le-Ribault et son adjoint, de Jouy-le-Pothier, Dhuizon, St Claude, St Dié, Yvoi-le-Marron, Villeny. A ces noms j'ajouterai celui de M. d'Arlon, capitaine de la garde nationale de Ligny-le-Ribault, qui partit plusieurs fois, dans la nuit, avec des francs-tireurs chargés d'éclairer le pays du côté de Dry, Cléry, Ollivet.

Entrée à Orléans le 10, la compagnie n'y resta qu'un jour; elle reçut l'ordre de se rendre du côté de Chevilly. Ne sachant où se trouvait la 2e brigade de la 2e division du 15e corps, j'écrivis au général Ré-

billard qui la commandait ; on me répondit que, par
suite des changements survenus, je n'étais plus sous
les ordres de cet officier supérieur. J'écrivis à M. le
général commandant en chef, et le 16, je reçus cet
ordre :

Villeneuve d'Ingré, 16 novembre 1870.

MONSIEUR,

J'ai l'honneur de vous informer que votre compagnie devra
se diriger sur Chevilly où elle prendra les ordres de M. le
général commandant la 1ʳᵉ division d'infanterie. Vous ferez
partie, avec la troupe que vous commandez, des corps francs
qui occupent la forêt d'Orléans et qui sont placés sous le
commandement général de M. de Cathelineau.

Je dois dire, Monsieur le Ministre, sans entrer
dans aucun développement, qu'il répugnait profon-
dément et à mes hommes et à moi d'être joints au
corps de M. Cathelineau. Aussi, tout en exécutant
immédiatement l'ordre du général en chef, j'écrivis
au Ministre de la guerre pour être autorisé à demeu-
rer sous les ordres de M. le général Rebillard. Cette
autorisation me fut accordée, mais le général commandant le 15ᵉ corps en décida autrement.

D'après les ordres de ce général, la compagnie
quittait, à la date du 18 novembre, son cantonne-

ment de Chevilly et se rendait à Neuville-aux-Bois, où elle arriva le même jour, à 5 heures du soir. Le 19, elle se plaça en avant de cette ville, occupant les postes les plus avancés, sur les routes d'Arthenay, Theillay et Chilleurs. Pendant cinq jours de suite elle y resta faisant constamment face à l'ennemi, tiraillant du matin au soir avec ses cavaliers qui venaient jusqu'à l'entrée de la ville, leur blessa plusieurs hommes et fit un prisonnier.

Le 20, une reconnaissance ennemie, forte de 40 hommes environ fut signalée sur les hauteurs de Theillay. Immédiatement nous nous portons en avant et occupons le village de St Germain placé en avant de Theillay, lorsque l'ordre de rentrer à nos postes nous est envoyé par M. le chef d'escadron des chasseurs d'Afrique qui commandait à Neuville. La compagnie continua donc d'éclairer sur ces points l'armée française, jusqu'au 23 où l'ordre lui fut donné d'aller occuper Courcy.

J'exécutai de suite cet ordre; mais la nuit était très-avancée, les chemins fort mauvais et nous ignorions si Chilleurs que nous devions traverser était occupé par des forces françaises ou ennemies; nous nous portâmes donc sur Loury, où je dus laisser reposer les hommes pendant une journée, exténués qu'ils étaient par six pénibles journées d'avant-postes, par un très-mauvais temps. Le 26, je me ren-

dis auprès de M. le général commandant le 15e corps
dont le quartier-général était installé du même jour
à Loury ; il me donna l'ordre de nous rendre à Chil-
leurs-aux-Bois et de nous mettre à la disposition du
colonel Chopin, commandant la 2e brigade de la
1re division.

Arrivé à Chilleurs, je me rendis auprès de cet offi-
cier supérieur qui me donna l'ordre d'aller occuper
Santeau situé en avant de Chilleurs sur la route de
Pithiviers. Arrivé à Santeau à 6 heures du soir, je
plaçai mes postes en avant du hameau de Presnes,
sur la rive droite de la route et en face du village de
Mareau-au-Bois, touchant au bois du château de
Morand.

La nuit du 27 au 28 fut tranquille ; nous remar-
quâmes seulement que l'ennemi faisait de nombreux
signaux au moyen de feux lancés en l'air, entre Pithiviers et Attray ; ces signaux se répétaient dans la
direction de Neuville et Arthenay.

Le 28, à 7 heures du matin, nous vîmes sortir de
la ferme du Bisson, à gauche de la route, près le pont
de l'Œuf, une reconnaissance ennemie forte de 60 à
80 cavaliers environ et de 120 à 150 hommes d'infanterie. Ces troupes prirent la direction de Mareau :
mais, arrivées à moitié chemin, c'est-à-dire entre la
route et le moulin qui se trouve sur la gauche du
village, elles se divisèrent en deux corps ; l'infanterie

se plaçant dans un repli du terrain, la cavalerie se dirigeant partie sur le village, partie sur le hameau de Presnes occupé par nous.

La compagnie, placée dans ses embuscades, laissa avancer l'ennemi sans faire un mouvement : hésitants et craintifs, les cavaliers n'approchaient qu'avec une extrême prudence, visitant toutes les fermes et prenant toutes les précautions pour surprendre ou n'être pas surpris. Nous les laissâmes avancer jusqu'à 200 mètres de nos positions et 40 francs-tireurs composant un poste, les accueillirent par une vive fusillade qui leur tua trois hommes et deux chevaux ; un quatrième cavalier tomba à environ 500 mètres de leur poste.

L'ennemi ne reparut pas de la journée ; quelques vedettes seules se montraient à 1500 mètres de nos embuscades, hors de portée. La nuit du 28 au 29 fut relativement calme, je remarquai que les feux ennemis étaient moins nombreux que pendant les nuits précédentes, et cependant les Prussiens faisaient de grands mouvements, car la marche de leurs charriots ne discontinuait pas et, par instants, nous entendions même leurs commandements.

Le 29, au matin, après avoir rendu compte à M. le lieutenant- colonel Cosquer de l'infanterie de marine, commandant à Santeau, de toutes nos observations, nous poussâmes une reconnaissance jusqu'à

200 mètres environ du village de Mareau et nous occupâmes pendant quelques heures les fermes de Montleu. De cette position et après avoir repoussé des cavaliers qui venaient autour d'un moulin placé à la droite du village, je remarquai qu'une colonne forte de 10 à 12,000 hommes, infanterie, cavalerie, artillerie, passait sur la route d'Écrennes à Montigny. Je suivais très-attentivement ses mouvements lorsque je crus remarquer que la colonne, inquiète sans doute des coups de fusil échangés avec un de ses postes par les chasseurs à pied et nous, placés dans une carrière à gauche de la route, s'arrêtait et, faisant un à-gauche en bataille, faisait face à tous nos avant-postes. Ils placèrent même une ligne de tirailleurs en avant; je craignis pendant quelques instants un mouvement offensif sur Santeau; mais, peu après, le mouvement recommença.

Les autres résultats de cette reconnaissance furent d'abord de me faire connaître les différents postes occupés par l'ennemi autour de nous; le plus éloigné se trouvait à la gauche, au moulin de Frappuy; deux autres étaient établis sur la route de Pithiviers, deux sur la droite, l'un appuyé sur Mareau. Chacun de ces postes comptait, au moins, 120 fantassins et 10 à 15 cavaliers; des fortifications passagères les abritaient, et du côté de Montigny on apercevait de nombreuses redoutes armées d'artillerie; ce qui permettait de croire que l'ennemi craignait une attaque sérieuse sur ce point.

Je transmis rapidement tous ces renseignements au commandant des forces réunies à Santeau et lui fis remettre en même temps trois balles explosibles trouvées à Mareau, provenant des Bavarois.

Le 30, vers 3 heures du soir, nouvelle attaque sur mes embuscades ; elle est repoussée ; l'ennemi nous laisse plusieurs armes entre les mains ; deux cavaliers et un cheval vont mourir au village de Mareau.

Le 1er décembre, les vedettes seules rôdent autour de nous. Nous apprenons qu'une vingtaine de cavaliers enlèvent des bestiaux à Mareau ; j'y envoie un détachement commandé par un sergent qui arrive trop tard pour empêcher l'enlèvement, mais les hommes poursuivent l'ennemi, l'atteignent, le mettent en déroute, et le forcent à abandonner sur la route les bestiaux que leurs propriétaires purent ramener au village.

Le 2, nous entendons le canon dans la direction d'Arthenay ; le va-et-vient continuel de l'ennemi nous indique qu'un engagement sérieux a lieu sur notre gauche ; les éclaireurs sont plus nombreux autour de nos postes et l'on aperçoit l'ennemi faisant des retranchements et plaçant des batteries entre Écrennes et Montigny. Après avoir conféré avec M. le colonel Cosquer et craignant quelque surprise pour la nuit, je place un nouveau poste en avant, appuyé sur une maisonnette abandonnée : pendant la nuit les éclaireurs prussiens arrivèrent jusque sur nos sentinelles qui avaient reçu l'ordre de ne pas tirer. La nuit fut à peu près tranquille.

Le 3, dès le matin, aussitôt que le jour permit de distinguer les objets, nous aperçûmes, à 1000 mètres de nous, de profondes colonnes se déployant à droite et à gauche, sur la route d'Orléans à Pithiviers. L'infanterie, en masses serrées, s'appuyait, d'un côté sur Montigny, de l'autre sur Mareau ; l'artillerie occupait les hauteurs de Montigny, Frappuy, le pont de l'Œuf et les hauteurs de Mareau ; la cavalerie en avant et sur les ailes cherchait à surprendre les postes et à nous envelopper. A 8 heures voyant l'ennemi s'avancer, et me trouvant trop isolé, je me repliai sur Santeau pour me mettre en bataille avec les chasseurs à pied, l'infanterie de marine, les francs-tireurs de l'Allier, ceux de Vierzon et les quelques détachements isolés de troupes qui s'y trouvaient.

La batterie de Santeau ouvrit le feu la première ; l'artillerie prussienne lui répondit de tous les côtés, de telle façon qu'au bout de trois quarts d'heure presque toutes nos pièces, moins les mitrailleuses, étaient démontées. Les colonnes d'infanterie prussienne s'avançaient par les fermes de Montleu et de Presnes, par la route et les hauteurs de Montigny. Notre feu et celui des mitrailleuses les arrêtèrent pendant quelque temps, mais les progrès de leur artillerie rendaient tous nos efforts stériles. A 1 heure, me trouvant sur l'extrême droite de notre ligne, j'aperçus une nombreuse cavalerie qui, longeant les bois de Morand, cherchait à gagner la route d'Ingramnes pour nous attaquer à revers et nous rejeter sur l'infanterie prussienne qui occupait les fourrés de Presnes et n'avait pu avancer depuis le matin. Je fis prévenir aussitôt l'infanterie de marine. Alors commença cette malheureuse retraite qui ne s'arrêta qu'à Orléans pour recommencer jusqu'au delà de cette ville. Forcés d'abandonner nos positions, mais faisant toujours face à l'ennemi, nous entràmes en forêt et, par une marche oblique, parvînmes à regagner la route entre Chilleurs et Loury. Toute l'armée était déjà en retraite sur Orléans. La compagnie des Vierzonnais, quelques troupes et nous, voulûmes pendant quelques instants continuer la lutte dans la forêt, mais les ordres formels d'un général dont je ne sais pas le nom nous obligèrent à continuer la retraite.

Inquiet sur le sort de mon ambulance qui, depuis le matin, faisait un service actif entre Chilleurs et Santeau, j'envoyai le fourrier et un caporal à sa recherche. Ils la trouvèrent seule, la dernière, à l'entrée de Chilleurs. Je dois ici, Mon-

sieur le Ministre, citer le dévouement de M. Lecomte,
étudiant en médecine de l'hôpital de Tours, ayant
rang de chirurgien aide-major, et du franc-tireur
Nicard; chargés de l'ambulance, ils allèrent, l'un et
l'autre, pendant toute la journée, enlever les blessés
sous le feu de l'ennemi et au milieu des projectiles
de toute nature.

A mon arrivée à Loury, je demandai au général
Bertrand ce que nous devions faire : l'ordre de marcher sur Orléans nous fut renouvelé. Nous conti-
nuâmes donc tristement notre route et entrâmes
dans Orléans à 11 heures du soir.

Le 4, dès le matin, la compagnie réunie à l'entrée du faubourg Banier, attendait les premiers
ordres qui lui seraient donnés. A 11 heures, un
lieutenant-colonel dont je regrette vivement de ne
pouvoir citer le nom, ni le régiment de marche
auquel il appartenait, se présenta demandant des
hommes de bonne volonté pour marcher sur le
village des Aydes et Saran. La compagnie s'offrit
tout entière à l'accompagner avec le peu d'hommes
que ce généreux soldat était parvenu à rallier;
mais une débâcle épouvantable vint paralyser ses
efforts et fit avorter cette tentative. Soldats, officiers, artillerie, chariots, encombraient les rues et
les places; tout passage était interdit, du côté de
l'ennemi comme en arrière, et ce n'est qu'après

avoir reçu les ordres les plus confus qu'il fallut traverser la Loire.

Les corps qui formaient le centre et l'aile droite de l'armée de la Loire suivirent, partie la rive gauche, partie la rive droite, descendant sur Beaugency. Le 16ᵉ corps, complétement débandé, se jeta sur la route de Vierzon, affolé, sans commandement, sans vivres, chacun tirant de son côté.

Mes hommes et moi, désolés d'assister à un pareil spectacle, prîmes la route intérieure qui, partant d'Olivet, se dirige par Jouy-le-Pothier, Ligny, Villeny, Meung, vers Romorantin. Les motifs qui m'ont fait prendre cette direction, m'éloignant du 16ᵉ corps en pleine débandade sur la route de la Ferté-Sᵗ-Aubin et du 15ᵉ descendant la Loire sont ceux-ci : je n'avais plus de commandement supérieur et je cherchais à gagner un pays où j'avais opéré pendant deux mois, que nous connaissions parfaitement et où nos mouvements, soit pour l'offensive, soit pour la défensive étaient assurés.

Ralliant sur ma route tout ce que je trouvai d'hommes isolés appartenant à différents corps j'arrivai à Jouy-le-Pothier à 1 heure du matin. Après y avoir organisé un poste, je cherchai à arrêter le mouvement de retraite ; tout fut inutile, les fuyards ne voulaient rien entendre. Seuls, une quinzaine d'hommes, appartenant au corps Cathelineau, me prièrent de les laisser se joindre à nous. Sur les instances de MM. de Dreux-Brézé et de quelques officiers de ce corps, j'accédai à leur demande.

Dans la matinée du 5, sachant que l'ennemi occupait Orléans et qu'il poursuivait les débris de notre armée sur la Loire et la route de Vierzon, je continuai ma marche sur Ligny, où je trouvai un régiment de cuirassiers et quelques autres troupes commandés par le général Delongrue. J'envoyai de suite un sous-officier prendre ses ordres. Cet officier supérieur ne me donna aucune réponse. Je dus continuer mon mouvement de retraite sur Neung-sur-Beuvron où j'arrivai le 6, au soir.

Le lendemain, 7, je me dirigeai sur Romorantin. Aussitôt mon arrivée, M. de Champeaux, sous-préfet, me fit appeler auprès de lui et me demanda si, dans le cas où Romorantin voudrait se défendre, les francs-tireurs de Tours concourraient à la défense. Au nom de la compagnie je me mis entièrement à ses ordres.

La commission municipale, le commandant des mobilisés et le brigadier de gendarmerie furent immédiatement convoqués à l'hôtel-de-ville où s'était rendu le sous-préfet. Après 8 heures de délibérations, M. le sous-préfet, le commandant des mobilisés et le brigadier de gendarmerie étaient seuls décidés à la défense.

Un corps de cavalerie prussienne fut signalé du côté de Marcilly-en-Gault; le commandant des mobilisés avait déjà envoyé une reconnaissance, lorsque deux prisonniers furent amenés à la sous-préfecture. D'après leur interrogatoire, je fus convaincu que l'ennemi occupait Salbris et s'avançait par les différentes routes qui traversent la Sologne.

Dans la soirée, d'autres troupes, cavalerie et infanterie, qui occupaient Romorantin, quittèrent cette ville sans vouloir nous aider dans la défense projetée. Je craignis d'abord d'être accablé par des forces supérieures. Cependant, j'attendis jusqu'à une heure du matin la décision de la commission municipale. A ce moment, je vis que, dans la cour de la mairie, on chargeait sur des charrettes les armes de la garde nationale, enlevant ainsi les moyens de défense. Je me résignai alors à quitter la ville et me dirigeai sur Sélles-sur-Cher où j'arrivai le 9, à 7 heures du matin.

Je passai ce jour à Selles et, me trouvant isolé de tout corps d'armée, je priai l'Inspecteur de la ligne de fer qui venait enlever le matériel de nous transporter jusqu'à Tours.

La compagnie, moins quatre hommes, y rentrait à 9 heures du soir.

Le 10, je me mis à la disposition de M. le Préfet et du général commandant la division. Par leurs ordres, je fus autorisé à rééquiper la plupart des hommes qui manquaient de vêtements et de chaussures.

Le 13, après la malheureuse affaire de Chambord, le général commandant la 18e division quittait Tours, et le Préfet du département devenait, par suite de ce départ, le seul pouvoir civil et militaire. Par les ordres de ce fonctionnaire, la 5e et la 1re compagnies des francs-tireurs furent chargées d'éclairer le pays.

Après m'être concerté avec le capitaine Hildenbrand, commandant la 5e compagnie, et malgré les ordres du colonel Lipowski qui voulait nous faire battre en retraite sur Saumur, nous prîmes les dispositions nécessaires pour que la ville de Tours ne fut pas à la merci d'un coup de main. Nous tenions surtout à rassurer une population qui, ayant armé et équipé plusieurs compagnies, devait compter sur leur protection. Grâce à nos efforts, la panique causée par le départ du général n'eut pas tous les résultats funestes que l'on redoutait.

Voici quelles avaient été les premières conséquences de cette panique. Le 13, dans la matinée, un détachement de dragons français, en reconnaissance du côté de Montlouis, reçut quelques coups de fusil, tirés soit par des gardes nationaux, soit par quelques soldats échappés au désastre de Chambord. M. le

général Sol croyant l'ennemi aux portes de la ville,
l'abandonne précipitamment, laissant au Préfet le soin
de vérifier l'exactitude du rapport qui lui avait été
fait. Ce fut une bien triste journée pour la ville de
Tours, en raison surtout de la situation que lui avait
faite la présence du gouvernement de la Défense
Nationale. Il y avait encore dans la ville une assez
grande quantité d'armes et de munitions que chacun
s'empressait de jeter dans la Loire et le Cher. Les
communes voisines avaient amené à Tours les quelques armes qu'elles possédaient, ce qui n'avait pas
peu contribué à augmenter la panique. Ces armes
gisaient çà et là. La compagnie d'Orléans avait
emmené son matériel, laissant en souffrance des
wagons pleins d'armes.

Ce ne fut que vers les ·5 heures, dans la soirée,
que nous pûmes rassurer la population, en lui an-
nonçant que les deux compagnies occupaient, à une
distance de cinq lieues, toutes les routes convergeant
sur Tours.

Pendant ces jours, j'occupai Amboise, Bléré, les
routes de Cormery et Montbazon. Le 19, par ordre
préfectoral, je rassemblai la compagnie à Amboise,
pour traverser la Loire et nous porter sur Monnaie.
On passa la nuit au hameau de Frilière, situé sur la
rive droite de la Loire. J'envoyai un éclaireur jusqu'à
Châteaurenault. Il m'annonça que 7 à 8,000 Prus-

siens y avaient passé se dirigeant sur Tours par la route de Monnaie.

Le 20, au matin, les deux compagnies quittèrent la Frillière et nous nous dirigeâmes sur Vouvray. Au pont de Montlouis nous rencontrâmes une compagnie de zouaves, commandée par le capitaine Durand, qui le gardait. Après nous être concertés nous allâmes à Vouvray. La 5e compagnie prit la route de Reugny, la 1re celle de Monnaie.

Au moment où les hommes prenaient leur repas, une vive fusillade et des décharges d'artillerie se firent entendre dans la direction de Monnaie. Nous nous y portions lorsqu'un courrier me prévint que l'ennemi s'était présenté à Vernou. J'y envoyai deux subdivisions sous les ordres du sous-lieutenant Laporterie et chargeai le brigadier de gendarmerie de Vouvray de prévenir le capitaine Hildenbrand de ce qui se passait. Le détachement envoyé à Vernou y était à peine arrivé et embusqué derrière les murs du cimetière qu'il vit arriver plusieurs cavaliers prussiens commandés par un officier supérieur. Les hommes les laissèrent arriver jusqu'au bout de leurs baïonnettes et les sommèrent de se rendre; on leur répondit par des coups de feu; ils ripostèrent de la même façon, tuant l'officier, deux chevaux, blessant la plupart des cavaliers et faisant un prisonnier; deux autres furent ramenés par cinq hussards placés en éclaireurs au pont de Montlouis et envoyés à la poursuite.

Pendant que cette attaque avait lieu à Vernou, je me portai, avec le reste de la compagnie sur la route de Vouvray à Monnaie, dans la direction du canon et de la fusillade. A une distance de 3 kilomètres, je rencontrai un grand nombre de paysans qui fuyaient, se dirigeant sur Vouvray. Ils me dirent que les éclaireurs prussiens occupaient une partie des fermes des environs. Je hâtai la marche et près de la ferme de la Bellangerie nous vîmes de nombreux cavaliers occupant non-seulement les fermes qui bordent la route, mais encore celles qui en sont éloignées de plus d'un kilomètre. Je me plaçai dans le bois à gauche, dit la Bellangerie. La première embuscade signala d'abord 15 cavaliers qui se dirigeaient sur Vouvray. J'avais recommandé qu'on les laissât approcher jusque sur nous, mais la 3e subdivision, envoyée sur ma droite et commandée par un sergent, pour explorer les fermes fut obligée d'ouvrir le feu. Les cavaliers tournèrent bride, nous ouvrîmes le feu sur toute la ligne et nous mîmes à la poursuite du détachement; le sang qui couvrait la route témoignait que nos balles avaient porté. Le capitaine de la 5e compagnie arrivant, nous chassâmes l'ennemi, de ferme en ferme, jusqu'au delà de Villesetier.

A la ferme des Herbes-blanches, sur le bord de la route, nous reconnûmes, aux dégâts commis, que l'ennemi qui y avait séjournée toute la matinée, surpris par notre attaque, venait de la quitter, abandonnant de nombreuses provisions d'eau-de-vie, viande, etc.

La fusillade continuant toujours dans la direction de Parçay-Meslay, je ne poussai pas plus loin pour éviter toute surprise. Cette rencontre coûta à l'ennemi 5 blessés, dont 2 sont morts à 500 mètres du point où nous nous trouvions, et 3 chevaux.

Après m'être entendu avec le capitaine de la 5e compagnie, connaissant l'un et l'autre, par expérience, la tactique de l'ennemi, et craignant en raison du combat livré à notre gauche, sachant que Vernou avait été visité, que Tours ne fut occupé, nous prîmes le parti d'occuper la route transversale qui, de la Bellangerie va, par Jallanges et les Glosseaux, aboutir entre Reugny et Vernou. Nos appréhensions n'étaient que trop fondées. Au tiers de notre marche, le brigadier de gendarmerie de Vouvray vint, de la part du capitaine Durand, commandant au pont de Montlouis, prévenir qu'une colonne ennemie composée d'un régiment bavarois avec six pièces d'artillerie et 150 cavaliers occupait Reugny. Continuant notre route, nous arrivâmes à Vernou à 6 heures du soir.

Sans nouvelles de Tours, malgré les dépêches expédiées, nous crûmes prudent de passer le pont et d'aller au village de Montlouis attendre le résultat de la journée. L'ennemi nous suivait de si près que l'arrière-garde composée d'une dizaine d'hommes des deux compagnies commandée par le fourrier de la 1re Cie, fut attaquée dans Vernou à 9 heures du soir.

Sur dépêche reçue de Tours, la compagnie de zouaves occupant le pont de Montlouis s'était repliée sur Saint-Martin-le-Beau. A 11 heures du soir, le capitaine Hildenbrand et moi prévenus de cette retraite, convînmes d'attendre le jour afin de mieux nous concerter; n'ayant plus d'ordres, nous prîmes des mesures pour réoccuper les gares de Vouvray et de Montlouis et nous replier si des forces trop supérieures se présentaient.

Vers 10 heures du matin, nous apprenions que la compagnie Auger (Francs-Tireurs de Tours) était aux prises avec l'ennemi aux environs de Vernou. Bien que la nouvelle de l'occupation de Tours nous parvint en même temps nous ne voulûmes quitter Montlouis qu'à l'arrivée de la compagnie Auger. A 4 heures du soir, n'ayant toujours aucune dépêche, nous nous dirigeâmes sur Montbazon, afin de gagner la vallée de l'Indre et de là Chinon où devait se trouver le Préfet.

Arrivé à Evres, où je passai la nuit avec la compagnie, j'envoyai à Tours un de mes francs-tireurs qui revint à Montbazon le lendemain matin, confirmant le bombardement de Tours et la retraite des Prussiens sur Châteaurenault. Je rentrai le même jour à Tours, laissant pour plus de sûreté, la compagnie passer la nuit à Joué-lès-Tours. Le lendemain, 22, elle arriva en ville.

L'ennemi n'étant plus signalé, je demandai à M. le préfet quelques jours de repos afin de procéder à l'élection d'un lieutenant, en remplacement de M. Haime que le gouvernement de la Défense nationale avait envoyé avec les caporaux Sicard et Kirch dans l'est, chargés d'une mission périlleuse, pour laquelle on avait demandé des hommes de bonne volonté.

Le 25 décembre, je fis procéder à cette élection. M. Laporterie, sous-lieutenant fut nommé lieutenant et M. Bieleski, sergent, au grade de sous-lieutenant; procès-verbal de cette élection fut dressé et transmis à M. le préfet en l'absence de toute autorité militaire. Je profitai aussi de cette circonstance pour demander les effets nécessaires au remplacement de ceux hors de service. Cette demande fut favorablement accueillie.

Je procédais à ce travail lorsque le 27, M. le préfet me donna l'ordre d'aller occuper Souvigny et ensuite Montrichard afin de protéger la ligne de

Tours à Vierzon où devaient passer des convois de troupes et un nombreux matériel destinés à l'armée du général Bourbaki. Comme les éclaireurs ennemis venaient tous les jours à Sambin, Pontlevoy, Fougeris, Cour-Cheverny, etc., j'établis mon centre d'opérations à Contres, lieu choisi par l'ennemi lui-même quelques jours auparavant; il m'était ainsi facile de surveiller la vallée du Cher, et rayonner sur toutes les routes qui, partant de Blois, y aboutissent.

Pendant 10 jours, par un froid des plus rigoureux, un temps horrible, la moitié des hommes sans chaussures, nous sillonnâmes et explorâmes en tous sens les routes, tenant l'ennemi en échec, le chassant des communes environnantes et le forçant à ne pas dépasser la forêt de Russy qui se trouve aux portes de Blois.

Pour vous prouver, Monsieur le Ministre, toute l'utilité de ce service, lorsque, par suite des fatigues et de la maladie qui atteignait tous les hommes, nous dûmes, le 14 janvier, abandonner Contres à midi; les Prussiens y entraient à 2 heures.

Je me retirai à Saint-Aignan, où j'arrivai en même temps que la colonne mobile commandée par le général Cléret. Ne sachant si la mission qui m'avait été confiée avait un terme par la présence de ces troupes, je me rendis à Tours auprès de M. le général

Dubois de Jancigny commandant la 18e division. Il me transmit un ordre de M. le Ministre de la guerre m'enjoignant de me mettre à la disposition du général Cléret. A Saint-Aignan j'appris que, d'après les ordres de ce général et sur une dépêche pressante du maire de Contres, la compagnie occupait de nouveau cette ville. Je la rejoignis immédiatement et pendant huit jours l'ennemi n'y reparut pas.

Le vendredi, 19 janvier, sur l'avis qui me fut donné que 350 prussiens se portaient entre Montrichard et Thésée, j'envoyai à Saint-Aignan prévenir le général. Il avait quitté ce point depuis cinq jours. Etonné de n'avoir reçu aucun ordre et craignant d'être tourné par la route de Couddes, je quittai Contres pour me porter de nouveau sur Saint-Aignan. J'y appris l'occupation de Tours.

Isolé de toutes les troupes françaises et ne sachant de qui prendre des ordres, je passai la journée du 21 à Saint-Aignan. Le 22 descendant la rive gauche du Cher et voulant me rapprocher de Tours, j'occupai Saint-Georges d'où je pouvais éclairer et observer Montrichard et Bléré.

Le 23, j'envoyai une reconnaissance sur Bléré et Lacroix; elle allait se trouver en présence d'un détachement de 30 cavaliers ennemis; les hommes étaient déjà embusqués et prêts à les fusiller à bout portant, lorsqu'un nommé Rocher, Henri, charron, courut au devant de l'ennemi et l'avertit de notre présence. Il se retira aussitôt dans la direction de Saint-Martin-le-Beau et d'Amboise. Les francs-tireurs le poursuivirent inutilement. D'après les renseignements des personnes les plus honorables de Bléré et de Lacroix, je fis immédiatement arrêter le sieur Rocher et le fis conduire par deux hommes à Loches où il fut mis à la disposition de l'autorité.

Le 24, je dirigeai de nouveau la compagnie sur Bléré. Quelques gardes nationaux de cette commune et de celle de Lacroix, conduits par leur maire, un ardent patriote, étaient déjà embusqués en avant, sur les routes conduisant à Tours. J'allais les rejoindre lorsque le maire me fit prévenir qu'une colonne de 250 fantassins et de 30 à 40 cavaliers, avec trois pièces de canon, occupait la voie ferrée entre les deux communes. Notre présence devenant dès lors plus dangereuse qu'utile, l'ennemi connaissant parfaitement d'ailleurs notre infériorité numérique, je me repliai sur Saint-Georges. Notre présence devenant de plus en plus inutile, nous partîmes le 25 pour Loches, où nous arrivâmes le même jour. M. le Sous-Préfet m'y fit remettre une dépêche de M. le Préfet m'ordonnant de me rendre à Chinon, pour me joindre aux troupes qui s'y trouvaient et contribuer à la défense de la forêt.

Partis de Loches le 26, nous couchâmes, à Mantheland. Le 27, j'arrivai à Sainte-Maure où se trouvait un bataillon des mobilisés de la Vienne. Le 28, à l'heure du départ, nous apprîmes la conclusion d'un armistice. Après avoir couché à Lisle-Bouchard, nous arrivâmes à Chinon le 29 et je me rendis immédiatement aux ordres de M. le Préfet.

Les clauses de l'armistice exigeant que le département d'Indre-et-Loire fut entièrement évacué par les troupes françaises, je reçus, le 1ᵉʳ février, l'ordre de quitter Chinon et de passer dans le département de la Vienne. Après trois jours de marche, nous arrivâmes à Monts-sur-Guênes où je reçus l'ordre de séjourner. Le 8, je recevais de M. le général commandant la 18ᵉ Division, la dépêche ci-après :

« Faites suivre les Ormes ; rendez-vous de votre personne demain, 9 courant, dans la matinée à Poitiers et venez me parler à la Préfecture.

« Signé : de JANCIGNY. »

J'obtempérai de suite à cet ordre et, après avoir conféré avec le général, je transmis à la compagnie l'ordre de me rejoindre à Poitiers ; elle y arriva le 10 et fut cantonnée à Biard.

La situation où nous plaçait l'armistice me donnait à penser que notre dévouement n'était plus utile au pays. J'écrivis donc à M. le général commandant la 18ᵉ Division, pour le prier de transmettre ma démission à M. le Ministre et de faire, en même temps, procéder au licenciement de la compagnie. M. le général refusa d'accéder à ma prière et, le 12, il nous fit l'honneur de nous passer en revue sur la place de la préfecture, à Poitiers.

Trois jours après, je recevais la lettre suivante :

« *18ᵉ Dᵒⁿ Mʳᵉ Etat-major Nᵒ* 1322.

Poitiers, le 15 février 1871.

Mon cher Capitaine,

« Je ne veux pas me séparer de votre Compagnie sans vous adresser mes félicitations pour le zèle avec lequel elle s'est acquittée des missions qui lui avaient été confiées sous votre intelligente direction. Je suis heureux d'apprendre, qu'ainsi que je l'avais demandé, elle va être attachée au 26ᵉ corps comme seule compagnie d'éclaireurs, et qu'ainsi son dévouement au pays pourra de nouveau être utilisé. Je vous prie de communiquer cette lettre à votre Compagnie et de lui faire connaître par un ordre du jour les noms des officiers, sous-officiers et soldats qui se sont distingués par leur belle conduite.

Recevez, mon cher Capitaine, l'assurance de mes sentiments affectueux.

Le Gᵃˡ Cᵗ la 18ᵉ Dᵒⁿ Mʳᵉ

« Signé de JANCIGNY. »

Le même jour, M. le chef d'Etat-Major du 26ᵉ Corps, me confiait la mission de le renseigner sur les forces que l'ennemi pouvait avoir dans les départements d'Indre-et-Loire et Loir-et-Cher; ces renseignements devaient porter principalement sur les différentes localités occupées, le nombre de soldats, l'arme à laquelle ils appartenaient, les numéros des régiments, le nombre de pièces de canon et les mouvements qui pouvaient se faire. Je choisis des hommes braves et intelligents qui acceptèrent immédiatement cette mission, parcoururent dans tous les sens les départements d'Indre-et-Loire, Loir-et-Cher, et même une partie du Loiret, et apportèrent tous les renseignements demandés. Les rapports de ces hommes et principalement celui du franc-tireur Delamotte méritèrent les chaleureuses félicitations de M. le chef d'état-major.

Le 20 février, le quartier général du 26e Corps ayant été transféré à Argenton et les différentes troupes formant ce Corps étant déjà en route, je reçus l'ordre de quitter Biard et de me diriger sur Châteauroux, mais en marchant assez vite pour prendre la tête des troupes qui avaient la même destination. Après trois journées de marche de 10 heures par jour, j'avais atteint le but et me trouvais à 16 kilomètres de Châteauroux, lorsqu'une dépêche de M. le la Blanchetiée, commandant la 2e Division du 26e Corps, m'ordonna de séjourner à Luant; arrivé dans cette commune, le maire qui était absent, avait donné l'ordre de nous loger dans des granges où il n'y avait même pas de paille. Voyant cela et sachant les hommes exténués par les 136 kilomètres qu'ils avaient faits en trois jours, je priai les habitants, s'ils le pouvaient et puisque nous n'avions qu'une seule nuit à passer, de bien vouloir les loger chez eux. Ce fut avec enthousiasme qu'ils accueillirent ma prière. Ce fut en raison de cet acte généreux que le maire, furieux de voir que ses ordres n'avaient pas été suivis, adressa à M. le général, à Château-roux, une dénonciation que ce dernier reconnut calomnieuse.

Le 24, nouvelle dépêche qui m'ordonnait d'aller prendre mon cantonnement au château de la Saura, à sept kilomètres de Châteauroux : j'y arrivai le même jour et me rendis immédiatement auprès du général, pour prendre de nouveaux ordres.

Le 26, ordre me fut donné de quitter le château de la Saura et d'aller prendre mon cantonnement à Bouesse qui se trouve à treize kilomètres d'Argenton; partis le 27 au matin, nous arrivâmes le même jour à notre destination. Nous séjournions dans cette commune, occupant nos loisirs aux exercices et aux différents travaux de propreté qui sont la garantie de santé des troupes en campagne, lorsque le 2 mars, dans la matinée, une dépêche nous apprit que l'Assemblée nationale avait ratifié les préliminaires de paix.

Le 4, je reçus avis qu'il allait être procédé au désarmement et au licenciement de la compagnie; le 6, MM. Libermann, chef de bataillon, attaché à l'état-major, Worms, sous-intendant militaire, de Montgolfier, lieutenant d'artillerie, Inglas, payeur du 26ᵉ Corps se rendirent à Bouësse pour procéder à cette opération.

Après la revue d'effectif, et avant de verser l'armement entre les mains de M. l'officier d'artillerie chargé de le recevoir, je fis remarquer que les revolvers dont les hommes étaient porteurs leur avaient été donnés par la ville de Tours; j'espérais, puisqu'on les faisait verser en raison de ce que les prussiens occupaient encore Tours, que remise leur en serait faite après l'évacuation.

La commission chargée du licenciement m'assura qu'elle allait transmettre mes observations à M. le Ministre de la guerre et qu'elle avait la certitude qu'il serait fait droit à ma juste demande.

Le versement des armes et de l'équipement opéré, remise du livret de solde et d'une somme de onze cent trente-neuf francs, montant de l'avoir en caisse, fut faite par moi entre les mains de M. le Payeur qui m'en délivra reçu.

Immédiatement après, M. Libermann, au nom de M. le Général commandant le 26ᵉ Corps, prononça la dissolution de la Compagnie, nous honorant en même temps de ses remerciements et de ses félicitations.

Telles sont, Monsieur le Ministre, les opérations de la 1re Compagnie des Francs-Tireurs de Tours.

Partis, sous mon commandement, pour défendre le pays envahi et soutenir le principe républicain, ils croient n'avoir jamais failli à aucun de leurs devoirs.

Quelques calomnies basses et mesquines ont été répandues contre eux; des tracasseries leur ont été suscitées; tous solidaires, ils n'ont jamais répondu que par le dédain à ces ridicules attaques, forts du témoignage de leurs consciences et de l'estime de toutes les populations qu'ils ont été appelés à défendre et au milieu desquelles ils ont vécu.

Leur chef, fier de l'honneur de les avoir commandés, se porte garant pour eux, et est heureux d'affirmer la loyauté et le courage de chacun d'eux.

Tours. — Typ. et Lith. JULIOT.

www.ingramcontent.com/pod-product-compliance
Lightning Source LLC
Chambersburg PA
CBHW071011280326
41934CB00009B/2256